GUIA DEFINITIVO PARA DOMINAR O BITCOIN E AS CRIPTOMOEDAS

NEGOCIE E INVISTA EM CRIPTOMOEDAS COM CONFIANÇA

WAYNE WALKER

© Copyright 2018 por Wayne Walker, Todos os direitos reservados.

Este livro foi escrito com o objetivo de fornecer informações tão precisas e confiáveis quanto possível. Profissionais devem ser consultados conforme necessário antes de realizar qualquer uma das ações aqui endossadas.

Esta declaração é considerada justa e válida pela American Bar Association e pelo Comitê da Associação de Editores e é juridicamente vinculativa em todos os Estados Unidos.

Além disso, a transmissão, duplicação ou reprodução de qualquer uma das informações a seguir, incluindo informações precisas, será considerada um ato ilegal, independentemente de ser feito por meio eletrônico ou impresso. A legalidade se estende à criação de uma cópia secundária ou terciária da obra ou uma cópia gravada e só é permitida com o consentimento expresso por escrito do Editor. Todos os direitos adicionais são reservados.

As informações nas páginas a seguir são amplamente consideradas como um relato verdadeiro e preciso dos fatos e, como tal, qualquer desatenção ou uso indevido das informações em questão pelo leitor tornará as ações resultantes exclusivamente de sua responsabilidade. Não há cenários em que o editor ou o autor original deste trabalho possa ser, de qualquer forma, considerado responsável por quaisquer dificuldades ou danos que possam ocorrer após realizar as informações aqui descritas.

ÍNDICE

INTRODUÇÃO 5

CAPÍTULO 1: O QUE É BITCOIN (BTC)? 7

CAPÍTULO 2: A MECÂNICA DO BITCOIN 15

CAPÍTULO 3: MINERAÇÃO DE BITCOIN 23

CAPÍTULO 4: COMUNIDADE E AS POLÍTICAS DO BITCOIN 27

CAPÍTULO 5: REGULAMENTOS 31

CAPÍTULO 6: NEGOCIAÇÃO DE BITCOIN E ALTCOINS 35

CAPÍTULO 7: TÁTICAS DE NEGOCIAÇÃO 41

CAPÍTULO 8: JUNTANDO TUDO 47

CAPÍTULO 9: FERRAMENTAS DE ANÁLISE TÉCNICA DE CRIPTO 54

CAPÍTULO 10: OS ARGUMENTOS MAIS COMUNS CONTRA O BITCOIN E AS CRIPTOS – COM RESPOSTAS 66

CAPÍTULO 11: O QUE ESPERAR EM UM FUTURO PRÓXIMO 70

CONCLUSÃO 76

PERFIL DO AUTOR 78

VOCABULÁRIO ESSENCIAL DO BITCOIN 80

INTRODUÇÃO

Parabéns pela sua cópia do *Guia Definitivo Para Dominar o Bitcoin e as Criptomoedas*. Começamos nossa jornada longe do mundo das moedas emitidas pelo governo para criptomoedas. Os primeiros cinco capítulos fornecerão uma introdução sólida ao universo da criptomoeda, onde você será apresentado a uma ampla gama de tópicos, desde blockchain até mineração. Você também adquirirá uma compreensão ampla e profunda da mecânica por trás de uma das criptomoedas mais populares. A ênfase muda nos capítulos restantes para aplicações práticas de negociação. Você será apresentado às estratégias de negociação junto com a expertise sobre como aplicá-las. Você também aprenderá a explorar indicadores práticos de análise técnica que podem aumentar sua capacidade de ganhar dinheiro. Isso inclui a área frequentemente esquecida da psicologia da negociação. Essas seções são um bônus para corretores de todos os tipos. Obrigado por escolher este livro!

Nota: Ao longo do livro, as palavras digital, cripto e criptomoeda serão usadas alternadamente..

CAPÍTULO 1:
O QUE É BITCOIN (BTC)?

Bitcoin é uma moeda digital descentralizada (um ativo digital). Ela não é uma ação, um ativo tangível ou uma moeda real. Nenhum governo a possui. Você pode transferir dinheiro rapidamente sem governos ou bancos por uma taxa baixa. De uma forma resumida, ela é uma grande planilha, um livro-caixa seguro. Antes do dinheiro, existiam os livros-caixa. É assim que as sociedades primitivas controlavam quem tinha e o que faziam. As criptomoedas, como muitos dizem, são uma evolução natural na história do dinheiro, desde a troca até as moedas, papel-moeda para a digital.

É Seguro ?

Quão seguro é isso? E se alguém ou algum grupo hackear o registro público? Mesmo se 40-49% fossem hackeados, a maioria teria as informações corretas (o livro-caixa é descentralizado). Contanto que a maioria dos livros-caixa estejam de acordo, a transação é válida. Se alguma entidade tentou um ataque de 51% (majoritário), você deve estar ciente de que um ataque dessa magnitude exigiria fundos da ordem de 500 milhões de dólares para ser executado. Além disso, um ataque desse tamanho seria notado de forma relativamente rápida pela rede.

Chaves e Carteiras

Existe uma chave privada secreta e uma chave de verificação pública. A chave privada é o que dá acesso à sua conta. A chave pública é usada para enviar ou receber dinheiro, a menos que você tenha a chave privada, não será possível mover uma moeda. Sua "carteira" contém sua chave privada. Uma carteira Bitcoin é vagamente o equivalente a uma carteira física. Sua carteira também mostra suas transações no livro-caixa.

Por que Bitcoin (BTC)?

Mover dinheiro ou realizar transações é caro e complicado. Existem os obstáculos de spread cambial, impostos, taxas bancárias e dias de transação. A taxa média de transferência eletrônica nos Estados Unidos e em outros lugares é cara. De tesoureiros corporativos a imigrantes que desejam enviar dinheiro para seus familiares, todos não gostam das taxas de transferência tradicionais. Com o Bitcoin, o dinheiro pode ser transferido por uma taxa nominal. Isso tem a capacidade de atender bilhões de pessoas que não têm acesso a serviços bancários. Esta também é uma opção para aqueles que sofrem com a alta inflação e os controles de moeda em países (no momento em que este artigo foi escrito) como Venezuela, Zimbábue, etc.

Uma Transação de BTC Básica

A) Sarah deseja enviar 20 Bitcoins para Phillip
B) Sarah tem 100 Bitcoins
C) Sarah prepara uma "transação" e a envia para o blockchain*
D) Uma quantidade suficiente de "mineradores" confirma que as transações em um block* são legítimas. Phillip decide quanta validação ele precisa. Mesmo que alguns mineradores não sejam confiáveis, a maior parte deles será, assim podemos confiar que a transação entre eles é válida.
E) Os Bitcoins são transferidos

*Blockchain: Um registro **público**/livro-caixa de transações de Bitcoin

*Block: É um <u>registro no blockchain</u> que contém e confirma as transações na espera

Adeptos do BTC

A lista de pessoas com uma visão positiva do Bitcoin inclui nomes influentes como Bill Gates, Richard Branson e Peter Thiel. Outros patrocinadores incluem capitalistas de risco (VC's) e startups de Bitcoin com mais de 1 bilhão de dólares americanos investidos até agora. Outro exemplo é o BitAngels, um grupo de investidores focados em Bitcoin que busca escalar startups.

Algumas das principais empresas que estão aderindo ou já estão aceitando pagamentos com Bitcoin são Subway, Wordpress, Virgin Galactic, Reddit, Wikipédia, Shopify, OKCupid, Amazon, Paypal e Ebay. Este é apenas um resumo. Para os proprietários de pequenas empresas, isso cria um novo grupo de clientes em potencial.

A História do Bitcoin (Versão Resumida)

Satoshi Nakamoto: O Que Nós Sabemos

- Autor do papel branco e do software Bitcoin original
- Não é um nome real. A verdadeira identidade é desconhecida, poderia ser; ela, ele ou eles/entidade corporativa
- Raramente ouvido falar desde 2010
- Possui muitos Bitcoins da primeira mineração

História

2009-2011: Entusiasta em fóruns de divulgação de ideias, mas sem força real. Bloco Gênesis estabelecido em 3 de janeiro de 2009

2012-13: O primeiro sinal de atenção dos investidores, tomadores de risco, empreendedores

2013-2014: Grandes empresas de Capital de Risco começam a investir

2015: O Wall Street e as instituições começaram a investir seriamente

2016-present: Os comerciantes de varejo, "homens das ruas" entram em números perceptíveis

Muitas "mortes" do Bitcoin

O Bitcoin "morreu" mais de 150 vezes. Abaixo estão apenas algumas das previsões extremamente imprecisas do fim do Bitcoin.

- 11 de Agosto de 2013 "Por que o Bitcoin Está Fadado ao Fracasso" – moneygeek | $93.43
- 16 de Novembro de 2013 "O Bitcoin é Uma Piada" – Business Insider | $433.57
- 4 de Maio de 2017 "O Começo do Fim do Bitcoin" – Daily Reckoning | $1541.90
- 12 de Julho de 2017 "A Aceitação do Bitcoin é Virtualmente Zero e Está Diminuindo" – Yahoo Finance | $2410.55

Problemas e Quedas do Bitcoin

- 2011-2013: Vimos grandes bolhas de preços e quedas

- Fevereiro de 2014: Mt. Gox, uma exchange de Bitcoin, entrou com pedido de falência em Tóquio. A empresa perdeu quase 750.000 Bitcoins de seus clientes, além de 100.000 dos seus próprios, avaliados em cerca de $473 milhões no momento do pedido. Mt. Gox acredita que os bitcoins foram roubados e culpou os hackers.

Sugestão: Faça a devida diligência, *mas* tenha cuidado ao usar os resultados de uma empresa privada como julgamento sobre todo o setor.

Bitcoin Anônimo?

O Bitcoin **não** é 100% anônimo, os endereços são chaves públicas. No entanto, os endereços, não estão conectados à sua identidade do mundo real. Para criar uma nova identidade, você simplesmente cria uma nova chave pública, isso é chamado de pseudonimato.

As moedas baseadas em blockchain são pública e permanentemente rastreáveis, cada moeda tem um histórico e você pode ver todas as transações anteriores. O verdadeiro anonimato requer pseudonimato e desvinculação. Em outras palavras, diferentes transações do mesmo usuário com a rede não devem ser vinculáveis entre si. Sem anonimato, a privacidade é muito pior do que o banco tradicional!

Desvinculação

Com a desvinculação, é difícil vincular os diferentes endereços do mesmo usuário. Também é difícil conectar diferentes transações do mesmo usuário e vincular o remetente de um pagamento a seu destinatário. Por que isso é necessário? Muitos serviços Bitcoin requerem uma identidade real. Por exemplo, carteiras on-line e exchanges, algumas regulamentadas, mantêm registros que removem seu anonimato com esses serviços.

CAPÍTULO 2:
A MECÂNICA DO BITCOIN

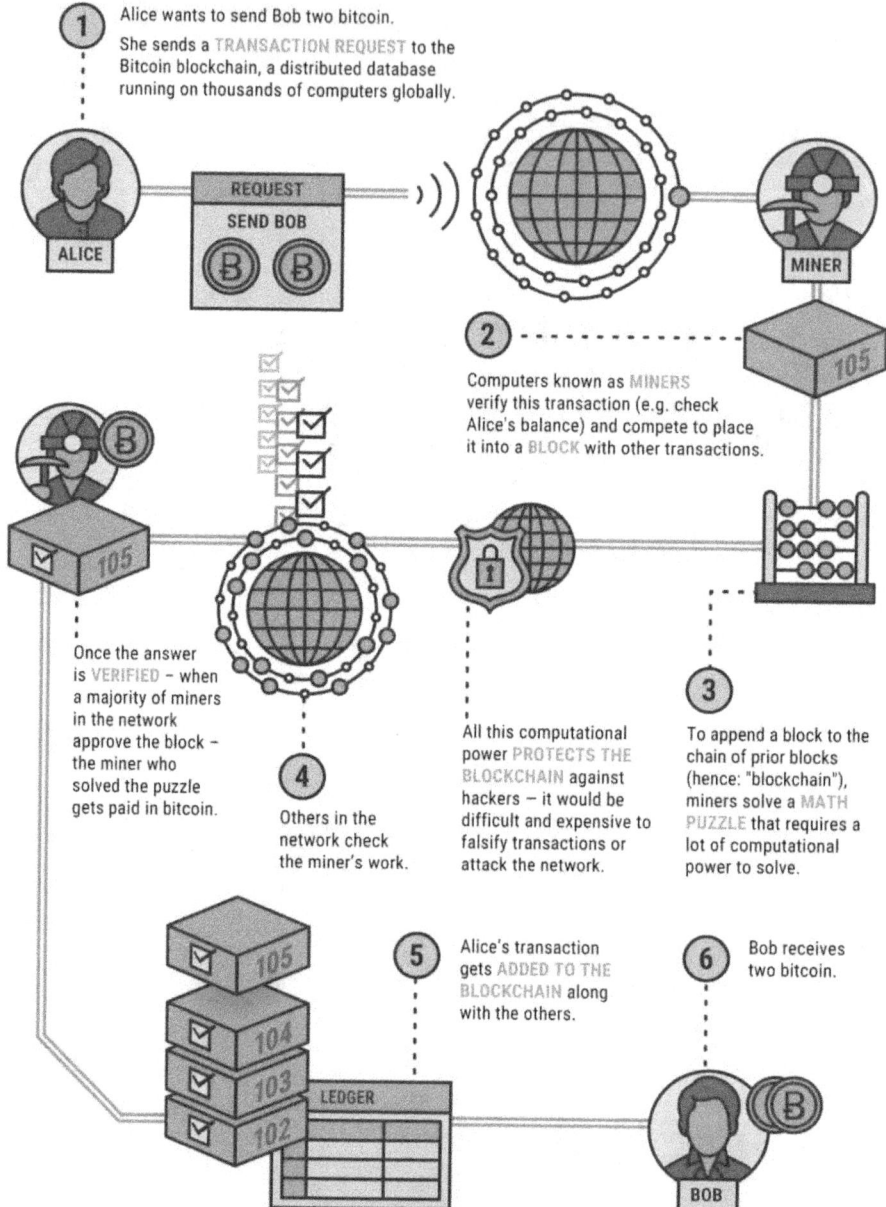

Entendendo a transação de bitcoin

COMO A TECNOLOGIA DO BLOCKCHAIN FORTALECE O BITCOIN

1 Alice quer enviar dois bitcoins para Bob. Ela envia um PEDIDO DE TRANSAÇÃO para o blockchain do Bitcoin, um banco de dados distribuído rodando em milhares de computadores em todo o mundo.

2 Computadores conhecidos como MINERADORES verificam esta transação (por exemplo, verificam o saldo de Alice) e competem para colocá-la em um BLOCO com outras transações.

3 Para anexar um bloco à cadeia de blocos anteriores (por isso: "blockchain"), os mineradores resolvem um QUEBRA-CABEÇA MATEMÁTICO que requer muito poder computacional para ser resolvido.

Todo esse poder computacional PROTEGE O BLOCKCHAIN contra hackers – seria difícil e caro falsificar transações ou atacar a rede.

4 Outros na rede verificam o trabalho do minerador.

Assim que a resposta for VERIFICADA - quando a maioria dos mineradores da rede aprovar o bloco - o minerador que resolveu o quebra-cabeça é pago com bitcoin.

5 A transação de Alice é ADICIONADA AO BLOCKCHAIN junto com as outras.

6 Bob recebe dois bitcoin.

Software Central do Bitcoin: O Livro de Regras do Bitcoin

O Software Central do Bitcoin é um código aberto (licença MIT). Código aberto é um software com "código-fonte" que qualquer pessoa pode inspecionar, modificar e aprimorar. Este "código-fonte" é o código que os programadores podem manipular para alterar a forma como uma parte do software ou programa funciona.

Armazenamento de Bitcoins

Veremos algumas maneiras de armazenar e controlar as moedas. Existem opções de armazenamento quente (on-line) e frio (offline) disponíveis para suas moedas.

Carteiras de Software – Benefícios/Riscos

Uma carteira de software é um método relativamente simples. Você armazena sua chave em um arquivo no computador ou celular. É conveniente, mas se o dispositivo for perdido, a chave está perdida, o que significa que suas moedas estão perdidas. Em outras palavras, ela é tão segura quanto o seu dispositivo. Se o seu dispositivo for hackeado e a chave vazar, provavelmente suas moedas serão roubadas.

Carteiras On-line – Benefícios/Riscos

Uma carteira on-line é semelhante a uma carteira de software local, mas ela está no ciberespaço. Um site armazena as chaves e você faz login para acessar a carteira. Ela é conveniente sem nada para instalar e funciona em vários dispositivos. As preocupações com a segurança são bem conhecidas. Ela fica vulnerável se o site estiver comprometido (interna ou externamente). Esteja ciente de que sua (s) chave (s) privada (s) são armazenadas em outro servidor, com milhares de outras chaves que podem levar hackers a lançar um ataque.

Carteiras de Papel e Hardware – Benefícios/Riscos

Com a carteira de papel você imprime suas chaves públicas e privadas em um papel e arquiva o papel. Mais segura do que as contrapartes on-line, no entanto, uma carteira de papel pode ser rasgada, danificada pela água, roubada ou destruída de muitas outras maneiras. É importante fazer várias cópias e mantê-las seguras.

Carteiras de hardware são dispositivos independentes em forma de USB que geram chaves ao fazer uma transação. Elas precisam ser conectadas ao computador durante a transação. As carteiras são protegidas contra potencial ataque de malware do computador porque geram chaves privadas off-line, nos próprios dispositivos. Elas são convenientes e relativamente fáceis de usar. Oferecem opções de backup e também podem ser protegidas com uma senha para combater o roubo. No geral, as carteiras de hardware são as opções mais seguras.

Exchanges de Bitcoin

As exchanges aceitam depósitos de Bitcoins (BTC) e moedas fiduciárias ($, €) com a promessa de pagar quando solicitado. Elas permitem que os clientes façam/recebam pagamentos de Bitcoin, comprem/vendam Bitcoins por moedas fiduciárias e combinem compradores de Bitcoins com vendedores.

Um exemplo comum de uma transação: Minha conta na exchange tem $5000 + 3 BTC, eu uso a troca para comprar 2 BTC por $1000 cada, resultado final: minha conta tem $ 3000 + 5 BTC.

Regulamentos: Bancos vs Exchanges

Nos bancos tradicionais, o governo normalmente:

- Impõe requisitos de reserva mínima
- Garante depósitos

Com as exchanges, os regulamentos variam substancialmente de país para país. No entanto, existem várias que conquistaram a confiança do mercado.

Detalhes Geek do Bitcoin

- 100 milhões de Satoshis por Bitcoin
- · 21 milhões de Bitcoins no total

- 1 MB (megabyte*) cada bloco, o que é cerca de 7 transações por segundo, tenha em mente que a VISA pode processar 2.000-10.000 transações por segundo
- * Um megabyte é um milhão de bytes de informação

CAPÍTULO 3:
MINERAÇÃO DE BITCOIN

O processo de mineração é uma das chaves para a prevenção de fraudes. Os mineradores confirmam a autenticidade das transações do Bitcoin contidas em um bloco. Eles fazem isso pegando os dados correspondentes de cada transação e usando-os para resolver um problema de matemática. A solução é conhecida como "hash", uma série única de dígitos mais curta que contém as informações importantes da transação dentro do bloco. Os mineradores são recompensados com 12,5 moedas em troca por seus esforços.

Mineradores

Os mineradores de bitcoins entram na rede, verificam as transações e validam todas as transações propostas. Eles também verificam novos blocos, mantêm o blockchain e quando um novo bloco é proposto, eles o validam. O fornecimento total de Bitcoins é de 21 milhões. A menos que as regras mudem, elas acabarão em 2040.

Requisitos Para Mineração e Hardware

A mineração precisa de uma grande quantidade de eletricidade! Ela é usada para realizar os cálculos 24 horas por dia, 7 dias por semana, 365 dias por ano. Em seguida na lista, estão os altos requisitos de resfriamento, que são necessários para proteger as máquinas. A temperatura ideal em centros de mineração é entre 15-25° C (59-77 ° F).

Hardware

Em um computador top de linha, demoraria anos para encontrar um bloco, portanto, você precisa de algo muito mais rápido. Os Bitcoin ASIC são hardwares de mineração de Bitcoin. Eles superam outras plataformas de mineração de Bitcoins em velocidade e eficiência. Os chips Bitcoin ASIC geralmente *só podem ser usados para mineração de Bitcoin*. Com os chips ASIC, o tempo necessário para encontrar um bloco cai significativamente. Eles são projetados para serem executados constantemente por toda a vida e também exigem especialização significativa.

Pools de Mineração

A mineração individual é muito difícil. Mesmo com o hardware de mineração mais recente, a menos que você tenha acesso a uma energia incrivelmente barata, pois você pode acabar gastando todo o seu dinheiro com contas de luz. Portanto, os pequenos mineradores compartilham seus riscos e os participantes do pool tentam extrair blocos. Eles distribuem as receitas (taxas de transação, juntamente com Bitcoins recém-criados) entre os membros com base em quanto trabalho eles realizaram, menos a taxa do gerente do pool.

Os primeiros pools apareceram em 2010 e em 2015 cerca de 90% da mineração era baseada em pools. No entanto, hoje os principais centros de mineração dominam. Centros de mineração profissionais são possíveis quando as seguintes condições estão disponíveis:

energia barata, boa rede e um clima frio. Como operam 24 horas por dia, 7 dias por semana, 365 dias por ano, um centro de mineração maior (mais de 20.000 máquinas) usa 40 megawatts de eletricidade por hora, a quantidade média usada por 12.000 residências no mesmo período. Eles podem pagar até $40.000 por dia pela eletricidade, mesmo com os descontos que normalmente recebem.

Recompensas de Bloco de Mineração

Atualmente, as recompensas de blocos são a maior parte da receita dos mineradores. Espera-se que no futuro as taxas de transação dominem. A recompensa de bloco de mineração de Bitcoin cai pela metade a cada 210.000 blocos, e a recompensa da moeda atual diminuirá de 12,5 para 6,25 moedas.

CAPÍTULO 4:
COMUNIDADE E AS POLÍTICAS DO BITCOIN

Uma Proposta de Melhoria do Bitcoin (BIP) é uma proposta formal para mudanças no Bitcoin. Ela inclui especificações técnicas e suas bases para elas. Qualquer pessoa no mundo pode propor um BIP. Cabe à comunidade de usuários, mineradores, desenvolvedores e investidores do Bitcoin votar e decidir se implementará ou não as propostas.

Na comunidade Bitcoin, as mudanças nas regras dos Desenvolvedores Principais são seguidas por padrão. E se os usuários não gostarem de uma mudança de regra? Eles podem sair ou exercer seu direito de "fork" as regras ou o software. Um fork é uma mudança no software de uma moeda digital que cria duas versões separadas do blockchain com um histórico compartilhado.

Possibilidades do Soft e Hard Fork

Os soft forks podem levar a novos esquemas de assinatura e metadados extras por bloco. Os hard forks podem levar a alterações nos limites de tamanho e alterações na taxa de mineração.

Um hard fork é uma divergência permanente no blockchain, ele ocorre quando os nós não atualizados não podem validar os blocos criados por nós atualizados que seguem as regras de consenso mais recentes. Um nó é um computador que se conecta à rede Bitcoin.

Depois de um hard fork, se o fork foi feito para iniciar uma altcoin (moeda alternativa), a altcoin segue seu caminho separado, elas coexistem. Se o fork refletisse em uma luta pelo futuro do Bitcoin, então os lados lutariam pela participação de mercado para serem vistos como o "Bitcoin real", um ganha, o outro poderá desaparecer. No caso do Bitcoin Cash, eles coexistem.

Exemplo de hard fork: O Bitcoin Cash é semelhante ao Bitcoin, exceto que aumenta o tamanho de um bloco de 1 MB para 8 MB. Por que isso foi necessário? Se uma transação não chega a um bloco que foi enviado à rede para validação, ela tem que esperar, e isso retarda o processo. Aumentar o tamanho de um bloco resulta em transações mais rápidas.

Quem Tem o Poder no Bitcoin?

Existem muitas opiniões sobre quem tem o poder "real" do Bitcoin. Por enquanto, trabalharemos com o princípio de que depende de quem ganha a luta, caso eles não entrarem em um acordo. Abaixo está uma breve descrição dos diferentes operadores.

Poderosos Brokers do Bitcoin

Investidores – Determina se o Bitcoin tem algum valor de mercado
Desenvolvedores Principais do Bitcoin – Eles escrevem o livro de regras
Mineradores – Escrevem o histórico e validam as transações
Comerciantes e seus clientes – Eles geram a demanda primária e o preço de longo prazo para os Bitcoins

Além dos operadores acima, existe a Bitcoin Foundation (fundada em 2012). A fundação paga os Desenvolvedores Principais e se comunica com os governos como representante do Bitcoin.

CAPÍTULO 5:
REGULAMENTOS

Os governos estão muito cientes do Bitcoin. A atenção é atraída porque você tem dinheiro digital não rastreável que contorna os controles de capital e os países não podem impedir o valor do Bitcoin de entrar ou sair.

Então, ninguém pode parar o Bitcoin? Hmm... O Bitcoin pode ser banido por meio da regulamentação dos operadores de comunicação (a comunicação está sujeita a regulamentação). O Bitcoin é um tipo de tráfego da Internet que pode ser interrompido como qualquer outro. Se um governo decidisse repentinamente que ninguém em seu país pode acessar o Bitcoin, ele poderia ordenar que as empresas de telecomunicações proibissem o acesso incluindo as exchanges nas listas de restrições e outros em sua infraestrutura. A China, em 2017, reprimiu as exchanges, mas isso não afetou muita coisa, o preço do Bitcoin só subiu nas semanas seguintes. Recentemente, eu li sobre uma empresa que atualmente trabalha em uma rede global de satélites que transmitirá dados de blockchain para todos os cantos do planeta para que as pessoas possam usar Bitcoin sem precisar da Internet.

A Primeira Onda de Regulamentos

O BitLicense do Estado de Nova York foi parte da primeira onda de regulamentos a atingir o mercado de criptografia. Se o seu negócio envolve Nova York ou um residente do estado de Nova York, qualquer pessoa envolvida em qualquer um dos itens a seguir deve obter uma licença:

- Transmissão de moeda virtual
- Armazenamento, participação ou mantendo a custódia ou controle de moeda virtual em nome de terceiros
- Comprando e vendendo a moeda virtual como empresa, cliente
- Executando serviços de câmbio como uma empresa, cliente
- Controlando, administrando ou emitindo uma moeda virtual

Pontos Negativos

Infelizmente, a moeda digital não rastreável tem uma lista de pontos negativos. Ela pode facilitar a prática de certos crimes, por exemplo, sequestro, extorsão, sonegação de impostos e venda de itens ilegais. Um exemplo disso foi o escandaloso site Silk Road. Ele operou de fevereiro de 2011 a outubro de 2013 e foi o maior mercado on-line de drogas ilegais. Os pagamentos eram feitos em Bitcoins, e o site mantinha as moedas por segurança enquanto as mercadorias eram enviadas.

Ross Ulbricht era o cérebro por trás do Silk Road. Ele usava vários pseudônimos, os mais conhecidos eram "Frosty" e "Dread Pirate Roberts." Ele tentou cobrir seu rastro, mas as autoridades conseguiram ligar os pontos. Ele foi preso em outubro de 2013 e agora está cumprindo pena de prisão perpétua. O governo apreendeu 174.000 Bitcoins e eles foram posteriormente leiloados ao público.

As duas lições a serem aprendidas são, primeiro, é difícil permanecer anônimo por muito tempo. A outra é que é difícil passar da clandestinidade para a economia legítima sem atrair a atenção das autoridades.

CAPÍTULO 6:
NEGOCIAÇÃO DE BITCOIN E ALTCOINS

As criptos fornecem volatilidade, como traders nós amamos isso, é uma doce melodia para nossos ouvidos. Por quê? Se você fizer uma transação e nada acontecer, você acaba precisando pagar o spread ao seu corretor por nada. Negociar é um comércio (ou você deveria tratá-lo como tal), para você recuperar o custo da transação (o spread) você precisa e deseja volatilidade.

Rumores e pânicos aumentam a volatilidade. Também pode haver extrema sensibilidade às notícias, movimentos diários de 20% **não** são incomuns. No outono de 2017, mesmo para os padrões de cripto, a volatilidade que vimos foi surpreendente.

Vantagens

Normalmente, não há valores mínimos de negociação, em contraste com as ações, commodities ou spot forex. Você também pode vender a descoberto, portanto, um mercado em alta ou em baixa está bom para você. Outra vantagem é que você pode negociar diretamente com as exchanges, os corretores não são obrigatórios. Você pode negociar 24 horas por dia, 7 dias por semana, que é ainda mais horas de negociação do que o spot forex. Obviamente, a liquidez não é igual ao longo do dia, alguns momentos do dia são mais líquidos do que outros.

Day Trading

Faça o day trade com cuidado! Por enquanto, você está negociando principalmente contra operadores inexperientes, mas o cenário está mudando. No outono de 2017 houve o lançamento do primeiro fundo mútuo de Bitcoin da Europa na França. Também há relatos de vários fundos de cobertura e privados com enormes recursos se preparando para entrar no mercado.

Ritmo do Mercado

Entrar na "hora perfeita" com Bitcoins e criptomoedas não é realista. O que está acontecendo com os ganhos semanais de dois dígitos, não deveria acontecer, mas está. Usar análises ou fundamentos estritamente técnicos irá decepcionar você. Procure comprar nas quedas por pânico, os saltos do Bitcoin depois das quedas por pânico tiveram sido muito lucrativas. Uma tática para lidar com a volatilidade é ter alertas de preços definidos para movimentos notáveis nos preços . Eu sugiro fortemente que você acumule gradualmente, a riqueza da criptomoeda leva tempo. Ignore, tanto quanto possível, a loucura que está acontecendo. Se a posição da sua cripto subir mais de 100%, pegue alguns lucros. Se você não tinha uma posição, depois de um grande salto, compre nas retrações. As melhores oportunidades existem para os mais informados e menos emotivos. Isso é verdade, especialmente em uma arena com traders de cripto que não enfrentaram quedas de 40-50%.

Alavancagem

Alavancagem? Use com cuidado e apenas com entidades que oferecem stop loss confiáveis. O Bitcoin e as criptos em geral, são ativos que podem se mover de 20 a 30% (em qualquer direção) em alguns dias, portanto, sua conta pode explodir facilmente. Você perde dinheiro quando é retirado, e isso pode acontecer facilmente com alta alavancagem. Resumindo, fique no jogo e faça qualquer venda a descoberto de longo prazo com extrema cautela... tenha em mente todas as "mortes" no Bitcoin.

Moedas Alternativas de Negociação (Altcoins) e ICOs

- **Moedas Alternativas (Altcoins)** As muitas moedas alternativas que surgiram com base na ideia e/ou código básico do Bitcoin.

- **Oferta Inicial de Moedas (ICO)** é uma forma de financiamento coletivo por meio de criptomoeda. A **ICO** vende o direito de <u>propriedade ou royalties para um projeto</u>. Uma moeda em uma ICO é um símbolo de participação acionária em uma empresa, um "certificado" digital. Muitas vezes confundida com uma **'venda de token'**, que se refere à venda de participação em uma economia, dando aos investidores acesso aos recursos de um projeto em uma data posterior.

Antes de Negociar ou Investir, Lembre-se

Muitos altcoins são inúteis, assim como os primeiros dias da Internet (.com). Infelizmente, a cena está cheia de vigaristas e golpistas ansiosos para enganar aqueles que buscam riquezas "da noite para o dia". Como navegar no campo minado? Pesquise os maiores ganhadores, vá para onde está a movimentação, MAS esses ganhos precisam ser apoiados pelo volume de negociação. O volume da altcoin deve ser 500.000 USD + (para liquidez). A ICO precisa de uma boa proposta de valor/venda. Qual é o objetivo da moeda? Qual problema ela resolve? A equipe de apoio também precisa ser de primeira linha.

Um dos mais bem-sucedidos da ICO foi a Ethereum, que arrecadou dinheiro com a venda de um token em 2014. Em 2017, pelo menos 90 da Oferta Inicial de Moeda foi realizada levantando mais de 1 bilhão de dólares americanos. Em dezembro de 2017, havia também mais de 1.200 moedas digitais.

Lembre-se que ninguém sabe ao certo qual delas vai decolar. Se você investir em 5, há uma boa chance que 3 a 4 falhem. Mas aquela que decolar retorna 10x ou mais. 10x significa que se você investiu $10 milhões, você gerou $100 milhões no total quando vender.

Uma pequena dica: com a ICOs ou transações básicas, envie pagamentos fracionados para testar as transferências. Pratique enviar 0,001 nas primeiras transações, você pode ir para 8 casas decimais com o Bitcoin.

Você precisa estar ciente que muitos dos empreendimentos recentes apoiados por capital de risco ainda não lançaram seus produtos no mercado. Além disso, os usos completos do BTC e altcoins estão apenas sendo explorados. Muitos acreditam, com razão, que o Bitcoin será ultrapassado em valor por outra moeda. Seu pressuposto é que, raramente na tecnologia, o primeiro a se mover continua a ser o jogador dominante após 5, 10 anos. Resumindo, estamos nos primeiros dias das moedas digitais.

IDENTIFICANDO OS GOLPISTAS DA ICO!

Alguns dos melhores sinais de alerta de que você está lidando com golpistas.

- É difícil falar com eles. Os números de telefone que eles possuem não são encontrados com uma simples pesquisa na web
- A apresentação geralmente é curta (menos de 10 páginas), cheia de erros básicos de gramática ou ortografia
- O site é de baixa qualidade ou eles usaram algum serviço gratuito para construí-lo
- A página "Sobre Nós" e os detalhes de registro são questionáveis ou ausentes
- O CEO ou consultores não podem ser encontrados no LinkedIn ou em outros canais profissionais

CAPÍTULO 7:
TÁTICAS DE NEGOCIAÇÃO

Aqui, examinaremos as principais razões pelas quais os traders perdem dinheiro e, o mais importante, exploraremos as soluções.

Expectativas Irrealistas: É importante, ao entrar no mercado de investimento, assim como em muitas coisas, que se tenha uma ideia realista daquilo com que está lidando. Expectativas irrealistas podem assumir a forma de alguém começando com uma conta de mini-trader de 1.000 ou talvez 2.000 USD e esperando riquezas da noite para o dia.

Você pode até começar com 100 ou 200 dólares, o que já é bom. Não há nada de errado com o valor, mas esses mesmos traders de 100 ou 200 dólares esperam ter 1.000 ou 2.000 dólares em suas contas dentro de alguns dias. Existem empresas que realmente mencionam isso ou até prometem que podem fazer isso. Embora eu não esteja dizendo que é impossível, estou dizendo que é irreal. É essencial que você tenha uma noção da realidade em sua negociação.

Nenhum Plano: Muitas pessoas dizem que "não planejar é planejar falhar", com planejamento, seu investimento está alinhado com seu cronograma e os resultados que você espera receber. Um plano de negociação é essencial, porque sem ele você está se preparando para perdas potencialmente enormes. Sem um plano, não adianta entrar no mercado de investimento.

Muito Risco: Pode ser uma pessoa com 100 dólares em sua conta ou até 100.000. Não é o valor que é crítico, mas sim o valor que você está arriscando em relação aos fundos disponíveis. Você começa da posição de "sobreviver ao fracasso". Este conceito se baseia na ideia de que suas perdas não devem ser catastróficas. Por exemplo, cada posição não deve usar mais do que 5 ou 6% do seu capital de risco disponível. Isso também significa que, se a alavancagem for usada, ela deverá ser de um valor baixo.

Confundir Negociação Com Investimento: Em meus anos como bancário, tive que salientar repetidamente para inúmeros clientes que eles não deveriam confundir os dois. Negociar significa ganhar dinheiro a curto prazo, é uma atividade geradora de renda, você está entrando e saindo de negociações. O investimento é mais de longo prazo e geralmente tem prazo mínimo de um ano. Pode ser que alguns de seus objetivos de investimento sejam derivados de suas negociações, mas não os confunda. Pode parecer básico para alguns, mas falando por experiência em aconselhar clientes globalmente, ainda há muitos por aí que confundem negociação e investimento.

Soluções:

Tudo bem em falar sobre problemas e desafios, mas obviamente precisamos ter algumas soluções.

Baixa Alavancagem: Para evitar o problema de muito risco, uma solução comprovada é usar baixa alavancagem. Você mantém a alavancagem baixa porque lhe dá tempo para pensar, para reagir com mais eficácia, e você não é tão sensível às mudanças no mercado.

Scaling In e Scaling Out: Scaling in e scaling out é um dos meus favoritos. Eu uso com investimentos e também em minhas negociações. A teoria por trás do scaling in e scaling out é que você permite que o mercado lhe diga que caminho seguir, é simples assim. Por exemplo, pretendo comprar 250 altcoins do GCMS depois de ter feito minha análise técnica e fundamental. Como começar? Eu começaria com uma posição de 25 ou 50 moedas e permitiria que o mercado confirmasse se estou no caminho certo. Se eu comprasse moedas GCMS por 100 dólares e elas subissem para 125 por moeda, ótimo, o mercado está confirmando que tomei a decisão correta. Neste exemplo, se eu começar com 25 moedas, adicionaria outras 25 ou 50 e repetiria o processo até atingir minha meta de 250 moedas.

Alguns podem dizer que perdi um pouco na jogada de 100 para 125, e de uma forma eu perdi um pouco, mas também estou mais seguro em minha decisão sendo paciente. No reverso, voltando ao scaling out, vamos imaginar que o mercado tivesse voltado contra mim, em vez de ter 250 moedas em risco inicialmente, teria sido apenas 25. Obviamente, isso é um perde-ganha, mas por experiência, é para a vantagem de quem está scaling in e scaling out.

Outro exemplo, digamos que você comprou 100 moedas a 100 dólares cada e o preço cai de repente para 90. O que eu sugeriria, em vez de vender tudo imediatamente, é que você considere vender apenas 25 ou 30 porque a queda pode ser devido a uma reação exagerada no mercado. Há várias coisas que podem estar em jogo, por exemplo, um boato falso, e mais uma vez, você estará permitindo que o mercado o direcione para o caminho correto. Claro, se o preço continuar a cair, então você decide sobre uma saída final se isso for além do seu stop loss mental.

Negociar no Mercado Líquido: Negociar em mercados líquidos é algo que não posso enfatizar o suficiente. Ter uma negociação do tipo long shot (com capital de ultra-risco) é bom, desde que você esteja ciente do risco. No entanto, para uma negociação regular, as criptos com baixa liquidez pelos padrões das criptomoedas não são minha primeira escolha. A liquidez é crítica, especialmente para um trader, um investidor não é tão sensível ao tempo, mas se você está negociando onde pode precisar fazer movimentos repentinos, você deseja manter criptomoedas líquidas.

Líquido, para ficar bem claro, é a capacidade de entrar e sair da negociação com facilidade. Estar em uma negociação e ter lucros no papel é maravilhoso. No entanto, quando chega a hora de converter os lucros do papel em lucros reais e você não consegue, isso acaba sendo uma piada de mau gosto, pois você só pode assisti-los, o que não é muito legal. Por outro lado, se você está em uma posição de perda e não consegue sair dessa, isso se torna um pesadelo. Eu não me importo com quem esteja lhe dando dicas ou que blog você está lendo, você deve negociar criptomoedas líquidas, não há outra maneira.

Selecionando as Criptomoedas: Selecione algumas e conheça-as bem. Como você pode imaginar, nenhum trader está negociando

600 moedas diferentes ao mesmo tempo. Muitas pessoas começam negociando as criptos mais conhecidas, Bitcoin, Ethereum, por exemplo. Depois de um tempo, negociando algumas criptos, elas se tornarão familiares para você e você terá uma noção mais profunda de como elas se movimentam.

CAPÍTULO 8:
JUNTANDO TUDO

Os traders devem ter um sistema. Vamos examinar e conectar os diferentes aspectos de um sistema de negociação.

Plataforma de Negociação: Selecionar sua plataforma de negociação é importante porque a plataforma é o veículo que você usa para conduzir a negociação. Como a negociação é on-line, é essencial que você use uma plataforma que corresponda ao seu estilo. Pode ser uma plataforma de multi-ativos ou mais básica. Você deve conhecer o provedor por trás da plataforma. Com as criptomoedas, você tem a opção de usar uma plataforma de negociação ou negociar diretamente com uma exchange. Novas exchanges estão surgindo regularmente no mercado e dependendo do país, você precisará ter cuidado. Eu sugiro que você tenha a recomendação de um amigo ou de um consultor de cripto confiável.

Metas: Sem metas, é realmente difícil começar a negociar. A analogia que ouvi e gosto de usar, em relação à metas, é que sem elas seria o equivalente a ir até a bilheteria de uma ferroviárias e apenas dizer "me dá uma passagem!" e, claro, eles perguntariam "uma passagem para onde?"

As metas de curto prazo podem ser metas de lucro mensal ou semanal, elas são individualizadas. As metas devem corresponder ao seu estilo e à quantidade de capital de risco disponível para negociação.

As metas de longo prazo geralmente estão relacionadas à sua estratégia de investimento. Elas também estão relacionadas às suas metas de curto prazo, porque as metas de longo prazo devem ser baseadas nas metas de lucro de curto prazo. Deve haver uma combinação, porque se você tem uma meta semanal de 100 dólares e uma meta mensal de 1.000, então há uma discrepância que precisa ser resolvida.

Preparação Mental: Você precisa estar psicologicamente pronto para negociar. Se você está prestes a negociar e está tenso ou nervoso, você precisa dar um tempo. Vá meditar, faça algum exercício, faça outra coisa, mas é importante que você não negocie até que esteja psicologicamente pronto.

Com a negociação, você deve ter a mentalidade de não levar as coisas para o lado pessoal. Remova as emoções da negociação, o objetivo é simplesmente ganhar dinheiro.

Conheça a sua tolerância ao risco: Quanto você está disposto a arriscar em cada negociação? Isso é importante, lembre-se da regra de ouro número um dos traders, "sem dinheiro, sem negociação." Não importa o que alguém diga a você, se não houver dinheiro, não há negociação e isso deve ser levado a sério. Isso está ligado com sua tolerância ao risco, por exemplo, ter um saldo de 10.000 USD e você quer arriscar 1%, o valor é 100 dólares. O que significa que o seu capital de risco, independentemente do que você está negociando, quando você define seu stop loss (mental ou em uma plataforma), não deve exceder 100 USD.

Faça sua devida diligência: Um novo dia começou e seu computador está ligado, o que aconteceu durante a noite? O que aconteceu nos mercados de cripto? Você deve estar ciente das notícias que surgiram durante a noite e, mais importante, de como os mercados reagiram a elas. Às vezes, o que em teoria deveria ser uma boa notícia, os mercados podem surpreender com uma reação negativa.

Como Selecionar Seu Nível de Entrada: Saber seus pontos de entrada significa que você tem um bom motivo para cada negociação que executa. Se você não tiver um bom motivo, sugiro que pegue seus fundos e os entregue a uma instituição de caridade. Ao selecionar seu nível de entrada, você precisa de uma boa taxa de risco-recompensa e isso deve corresponder à sua tolerância ao risco. A análise técnica/fundamental também é levada em consideração. Os níveis de suporte e resistência, notícias, são essenciais antes de executar qualquer negociação. Se você está negociando criptos, você precisa estar ciente de onde estão as linhas de suporte e resistência para o período de tempo em que você está negociando.

Saiba Seus Níveis de Saída: Qual é a sua meta de lucro, mil dólares ou um pouco menos? Você precisa estar ciente disso. Quando você está configurando as paradas para controlar as perdas, a primeira coisa a fazer é garantir que elas estejam dentro dos seus parâmetros. Da mesma forma que o seu nível de entrada, você deve saber a análise fundamental, os níveis de suporte e resistência, e outra regra de ouro dos traders "corte suas perdas e deixe os lucros entrarem." Muitos traders dizem que os lucros cuidam de si mesmos, mas você deve ficar de olho nas perdas.

Mantenha um Diário: Isso pode não ser para todos, mas é algo que eu uso para registrar minhas negociações. Ele inclui várias coisas, onde eu entrei na negociação, meu nível de saída e por que achei a negociação uma boa ideia quando entrei. Na revisão do seu diário, se houver padrões, você começará a detectá-los. Você pode remover um padrão que não está funcionando ou expandir um que esteja. Isso ajuda você a ajustar suas negociações.

Reveja os Seus Resultados: Reveja seu lucro ou prejuízo do dia. Isso é importante porque, embora negociar possa ser divertido, não deixa de ser um negócio e o objetivo é obter lucro. Se, ao analisar o seu lucro/prejuízo, descobrir que isso não era o que você tinha em mente, o seu dever é descobrir porquê. Você também precisa saber o que está por trás de seus bons resultados. Talvez tenha sido pura sorte e, se for esse o caso, ótimo, mas a sorte normalmente não é uma estratégia sustentável de negociação. Eu sugeriria, como faço em minhas negociações, fazer uma revisão de seu diário. Foi uma notícia de mercado? Ou era o tamanho das posições? Esses fatores podem influenciar os resultados.

Transição de Conta Demo Para Trading Ao Vivo

Dicas para fazer uma transição bem-sucedida de uma conta demo para uma conta de _trading_ ao vivo (essas não são dicas de _investimento_). Esses são vários dos pontos que são discutidos nas aulas que ministro. Em primeiro lugar, estão os níveis de depósitos realistas. A maioria das contas demo oferece uma grande quantidade de dinheiro virtual para negociar, mas você não precisa usar tudo. Na verdade, é melhor se você usar a mesma quantia de dinheiro virtual com a qual você realmente depositaria em sua conta real. Dessa forma, você terá uma ideia muito melhor de como será a sensação de perder ou ganhar com essas quantias, tanto mental quanto fisicamente. Se você passar de uma negociação com centenas de milhares de dólares no modo de demonstração para a negociação com cinco ou dez mil no modo ao vivo, a sensação será muito diferente e você não terá desenvolvido uma estratégia de gerenciamento de dinheiro que funcione com esses valores. Portanto, se você tiver $5.000 para negociar, pratique com $5.000 em sua conta demo.

Em seguida, estão os tamanhos de negociação esperados com base na realidade. Tal como acontece com os níveis de depósitos, você precisa fazer negociações de tamanho semelhante no modo de demonstração, como você pode razoavelmente esperar fazer no modo ao vivo. Isso garante paridade com a estratégia que você usará no modo ao vivo. Você terá uma transição muito mais suave. Se você está planejando negociar pequenos valores com os depósitos da sua conta, negocie pequenos valores no modo de demonstração para que você saiba no que está se metendo em termos de alavancagem (se você usá-la).

Negociação lucrativa: Se você está tendo prejuízo todas as semanas na negociação demo, então não é aconselhável mudar para o trading ao vivo, pois é o seu dinheiro real que você estará perdendo. Embora você não possa esperar ter lucro todos os dias, você deve sair na frente no final de cada mês antes mesmo de considerar a mudança para uma conta real de trading com depósitos.

CAPÍTULO 9:
FERRAMENTAS DE ANÁLISE TÉCNICA DE CRIPTO

O ponto-chave para ganhar dinheiro com a análise técnica é identificar a tendência e negociar junto com ela. As tendências revelam para onde os preços provavelmente irão no futuro. Se a tendência de uma cripto estiver subindo, você precisará comprar a cripto para ganhar dinheiro. Se a tendência de uma cripto está começando a cair, você precisa vender a cripto para lucrar. Se a tendência de uma cripto é lateral, sem uma direção clara, você precisa dar ordem de contingência (não negociações) ou esperar até que uma tendência clara de alta ou baixa seja estabelecida antes de negociar. Não é recomendado lutar contra a tendência, se você decidir fazê-lo, na maioria dos casos será uma experiência cara para **você**.

As tendências normalmente não se movem para cima ou para baixo de maneira direta. Elas geralmente se movem em uma direção por um período de tempo e então enrevesam temporariamente (invertem) parte do movimento anterior antes de continuar na direção original. Cada vez que uma cripto inverte e começa a se mover na direção oposta, ela forma uma nova subida ou uma nova descida. Por exemplo, com as criptos, novos picos se formam quando uma cripto sobe e, em seguida, vira e desce. Novas descidas se formam quando uma cripto desce e, em seguida, vira e sobe. Identificar esses altos e baixos permite que você identifique se uma cripto está em uma tendência de alta, de baixa ou lateral.

Tendência de Alta – Os mercados com tendência de alta formam uma série de subidas mais altas e subidas mais baixas.

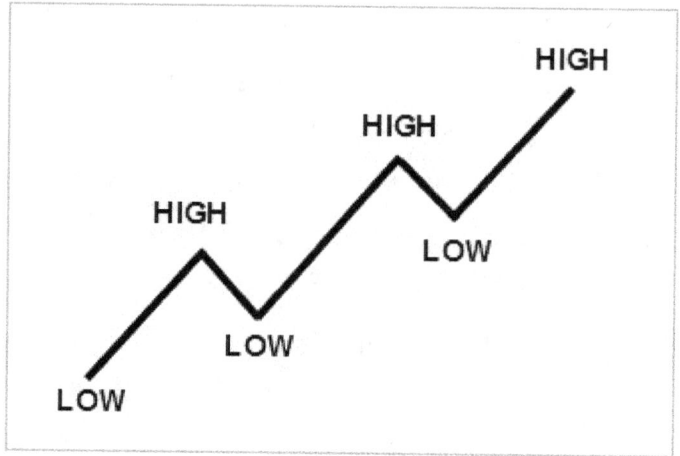

Tendência de Baixa – Os mercados com tendência de queda formam uma série de subidas baixas e quedas mais baixas.

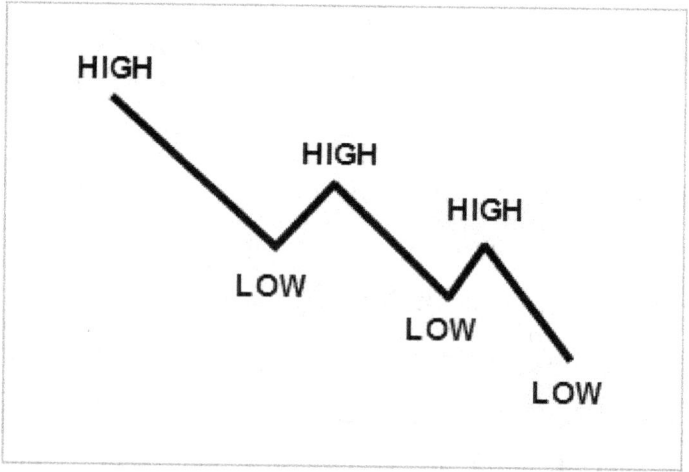

Tendência Lateral – Uma criptomoeda com tendência lateral forma uma série de subidas que estão aproximadamente no mesmo nível de preço e uma série de baixas que estão aproximadamente no mesmo nível de preço.

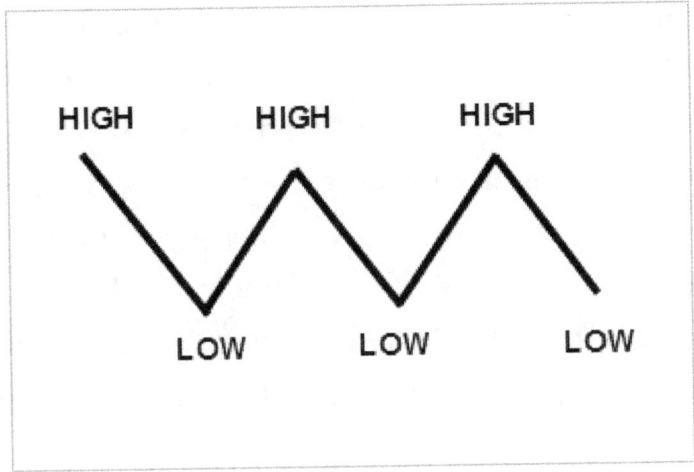

Tendências – Quer sejam tendências de alta, tendência de baixa ou laterais, as tendências podem se formar em vários períodos de tempo. Identificar as diferentes tendências ao longo de cada período e ser capaz de alinhá-las em sua análise é crucial para o seu sucesso como trader.

Definindo um gráfico de velas

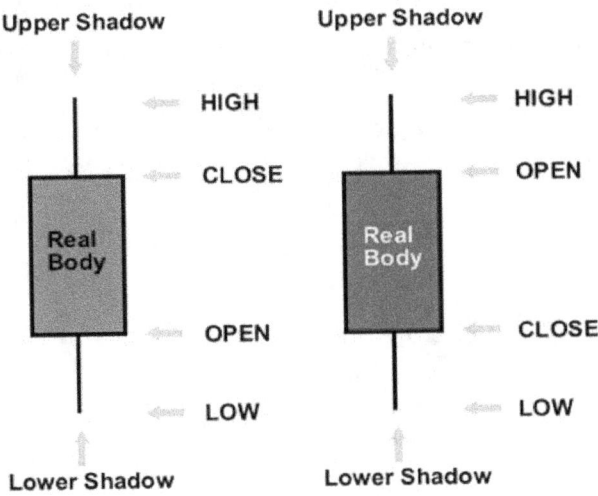

Vamos começar definindo a vela. Uma vela é uma linha em um gráfico que representa um ponto e mostra a alta, a baixa, a abertura e o fechamento de cada período. Por exemplo, se tivermos um gráfico diário, cada vela representa um dia e mostrará a máxima, a mínima, a abertura e o fechamento desse dia. Em muitas plataformas, uma vela vermelha significa que o preço de fechamento é inferior ao preço de abertura naquele período. Uma vela verde significa que o preço de fechamento é maior do que o preço de abertura naquele período.

Indicadores de Análise Técnica

Vamos dar uma olhada nos indicadores de Médias Móveis, IFR e Bandas de Bollinger. Em primeiro lugar, estão as Médias Móveis, e elas são úteis porque facilitam a localização de uma tendência. Isso é fundamental para moedas, criptomoedas ou alguns dos derivativos, onde um mercado em alta é bom e um mercado em baixa também é bom. Portanto, tudo o que precisamos fazer é identificar ou detectar essa tendência. Para ilustrar, uma média móvel de cinquenta dias soma os preços de fechamento dos últimos cinquenta dias, divide por cinquenta e traça um ponto no gráfico para cada dia.

Gráfico de Média Móvel

Vamos revisar algumas configurações básicas com o indicador de média móvel. Se tivermos configurações em um gráfico de MM dez, MM cinquenta, então dez é o curto prazo, cinquenta é o longo prazo. Quanto mais curta a média móvel, se estiver acima da mais longa, a tendência é considerada de alta. Se a média móvel mais curta estiver abaixo da média móvel mais longa, a tendência é considerada de baixa. Em um gráfico, se você observar que o dez está quebrando abaixo dos cinquenta, o longo prazo neste exemplo, isso pode ser considerado o sinal inicial de um sinal de venda.

Com as médias móveis, os sinais de compra e venda são gerados pelo cruzamento de preços acima ou abaixo da linha da média móvel. Tem um termo que você vai ouvir muito se estiver perto do pessoal da análise técnica, se chama *cruz dourada* e significa que o curto prazo rompe acima do longo prazo. O exemplo que temos é dez e cinquenta, mas poderia ter sido vinte e trinta, quinze e dezessete, depende do trader e do instrumento que estão negociando.

Índice de Força Relativa

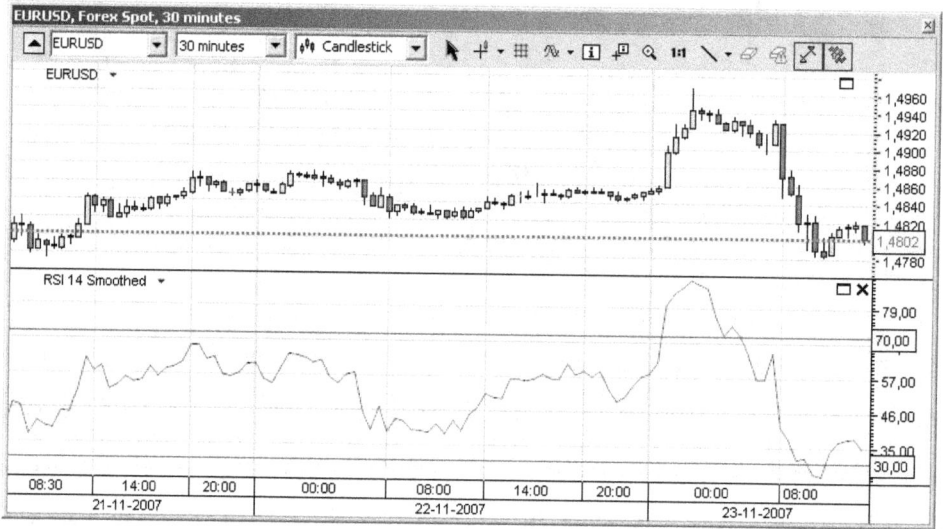

O IFR, Índice de Força Relativa, é usado para identificar se o mercado (ações, moedas, criptomoedas, etc.) está sobrecomprado ou sobrevendido. Ele é classificado como um dos principais indicadores porque ele começa a dar sinais antes do início da tendência. Ele tem um índice de zero a cem.

O gráfico IFR é visível abaixo do gráfico EURUSD. O IFR corresponde mais ou menos ao que está acontecendo no gráfico. Leituras abaixo de trinta indicam que o mercado pode estar sobrevendido e, quando você vê ou ouve o termo sobrevendido, significa venda excessiva.

Leituras acima de setenta indicam que o mercado pode estar com sobrecompra, compra excessiva. Lembre-se que eles são indicadores, não são garantias de nada. Como uma observação, o mercado pode permanecer sobrecomprado ou sobrevendido por um período considerável de tempo.

Bandas de Bollinger

Bandas de Bollinger são uma ferramenta que muitos investidores e traders usam quando desejam adicionar diferentes aspectos de análise técnica às negociações que abriram. Elas são usadas para medir a volatilidade do mercado. As bandas definem os limites de alta e baixa da faixa de negociação. Ao visualizar as bandas em um gráfico, você terá uma banda superior e uma inferior. O espaço entre a parte superior e a inferior é chamado de canal de compra e venda. Você usa o espaço entre as faixas para ter uma ideia de onde está dentro da faixa de negociação. Se você está perto do topo, sabe que está perto do nível de resistência e que existe um potencial para uma reversão de preço (o mercado inverte a direção). Se você está abaixo, sabe que está perto do nível de suporte para uma possíve reversão de preço. Na maior parte, os preços permanecem entre as bandas. Se o preço começar a quebrar, muitos traders interpretam isso como um sinal, então você precisa estar ciente disso.

Entendendo os Níveis de Suporte e Resistência

O nível de suporte é o nível de preço no qual o instrumento negociado historicamente teve dificuldade de cair. Por exemplo, se tivermos suporte em torno de 1,4380, você poderá ver em um gráfico que o mercado está nesse nível (1,4380) várias vezes sem cair, então, no jargão da análise técnica, isso seria considerado um nível de suporte. O nível de resistência é exatamente o oposto, o nível de preço no qual o instrumento historicamente teve dificuldade de romper.

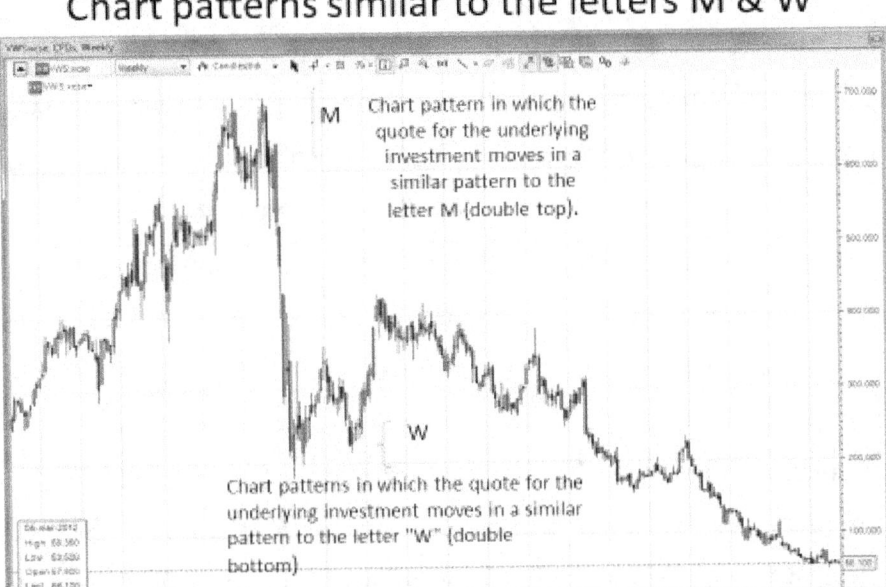

Padrõe de Gráfico "W" Fundo Duplo ou "M" Superior Duplo

Esses são padrões de gráfico nos quais o preço cotado para o instrumento se move em um padrão semelhante à letra "W" (fundo duplo) ou "M" (superior duplo). Os padrões de superior e fundo duplo são usados na análise técnica para explicar os movimentos em uma ação, criptomoeda ou outros investimentos e podem ser usados como parte de uma estratégia de negociação para explorar padrões recorrentes. Um superior duplo e um fundo duplo são ambos padrões de reversão de tendência.

Um **fundo duplo** tende a ocorrer após uma forte tendência de baixa e indica que uma tendência de alta pode ser iminente. Os "fundos" são vales que se formam quando o preço atinge um determinado nível de suporte que não pode ser rompido. Depois de atingir este nível, o preço irá saltar ligeiramente antes de retornar para testar o nível novamente. Se o preço saltar do suporte uma segunda vez, você terá uma formação de fundo duplo. Se o segundo fundo não consegue quebrar a baixa do primeiro, então este é um forte sinal de que uma reversão vai acontecer. Um 'V invertido' é desenhado no alto entre os dois 'fundos'. Com um fundo duplo, você pode pensar em colocar sua ordem de posição longa (compra) acima do "V invertido" porque espera que a tendência mude para cima.

Um **superior duplo** geralmente é formado após uma tendência de alta estendida e indica que uma tendência de baixa pode ser iminente. Os "superiores" são picos que se formam quando o preço atinge um determinado nível de resistência que não pode ser rompido. Depois de atingir esse nível, o preço irá saltar ligeiramente, mas depois voltará para testar o nível novamente. Se o preço saltar desse nível novamente, você terá um superior duplo. Se o segundo superior não consegue quebrar a alta do primeiro, então este é um forte sinal de que uma reversão vai acontecer. Um ˜V˜ é desenhado na parte inferior entre os dois ´superiores´. Com um superior duplo, você pode pensar em colocar sua ordem de entrada a descoberto (venda) abaixo do 'V' porque espera que a tendência mude para baixo.

CAPÍTULO 10:
OS ARGUMENTOS MAIS COMUNS CONTRA O BITCOIN E AS CRIPTOS – COM RESPOSTAS

Cartões de crédito e dinheiro são aceitos pela maioria dos comerciantes, mas o Bitcoin tem pouca aceitação:

Atualmente, isso é quase sempre verdade, mas a realidade está mudando. Existem agora mais de 150.000 comerciantes em todo o mundo que aceitam Bitcoin como método de pagamento. No início de 2014, o overstock.com se tornou o primeiro grande varejista a aceitar Bitcoin. Outras empresas que aceitam pagamentos incluem Subway, Wordpress, Virgin Galactic, Reddit, Wikipédia, Shopify, OKCupid, Amazon, Paypal e Ebay. E tem mais, no final de novembro de 2017, uma das Quatro Grandes firmas de contabilidade, a PricewaterhouseCoopers, disse que aceitou um pagamento em Bitcoin por seus serviços de consultoria.

Um ponto importante a ter em mente é que as criptomoedas não são moedas fiduciárias. Elas só se tornam semelhantes a uma moeda fiduciária quando um governo diz que elas têm curso legal. Se isso acontecesse, então sim, sua bicicletaria ou cafeteria local teria que aceitá-las sempre que você decidir gastá-las.

Os poderes governamentais não estão abrindo mão do controle do dinheiro sem lutar. Eles vão esmagar as criptomoedas:

A possibilidade e o risco de intervenção governamental existem, mas não há um movimento crescente para fazer isso. Alguns países as proibiram e seus preços e aceitação pelo público em geral só aumentaram. Mesmo entre os proibidores, apenas algumas atividades foram proibidas, por exemplo, as ICO.

O Bitcoin e outras criptomoedas estão se beneficiando das vantagens do pioneirismo, mas e quanto à concorrência futura?

Não há necessidade de esperar pelo futuro, concorrentes já existem. Até agora, o valor de mercado das criptomoedas pioneiras apenas aumentou. As criptos mais populares são usadas principalmente para armazenar ou aumentar riqueza. Em outras palavras, muitas pessoas estão comprando criptomoedas simplesmente porque esperam que o preço aumente. A competição oferece às pessoas mais opções, mas não destruiu nenhum dos melhores operadores. Por exemplo, só porque uma nova empresa está listada na bolsa de valores não significa automaticamente que seus concorrentes entrarão em colapso. Muitos investidores simplesmente preferem diversificar.

CAPÍTULO 11:
O QUE ESPERAR EM UM FUTURO PRÓXIMO

Eu usei propositalmente o que esperar em um futuro próximo, porque fazer qualquer alegação de longo prazo sobre criptomoedas é tolice na minha opinião.

Menos Loucura da ICO

A loucura da OIC perderá parte da mentalidade irracional da corrida pelo ouro e veremos um autopoliciamento aprimorado dos atuais operadores do mercado. Os reguladores públicos e governamentais têm limites sobre o que irão tolerar.

Regulamentos Relevantes

O trading de Bitcoins e outras criptomoedas permanece quase todo não regulamentado. Recentemente, fui informado da quantidade de agências que reivindicam jurisdição sobre criptomoedas. Isso é apenas nos Estados Unidos, você tem o FinCEN do Departamento do Tesouro, a Comissão de Valores Mobiliários e Câmbio e o Serviço de Receita Interna (IRS). A história fica mais bizarra, porque não há nem mesmo acordo entre os reguladores sobre o que é Bitcoin. Por exemplo, o IRS o trata como propriedade e a Comissão de Negociação de Futuros de Commodities (CFTC) diz que é uma mercadoria. Para os participantes do mercado, isso só aumenta a confusão. Mesmo com a confusão, para aumentar a confiança do varejo e dos mercados institucionais mais amplos, é necessária uma regulamentação mais adequada para esse mercado em crescimento. Isso também deve incluir punição rápida e robusta para aqueles que se envolvem em má conduta.

Esperando para ver mais de

O que estou esperando ansiosamente para ver mais em um futuro próximo da criptografia.

1- As exchanges irão aprimorar a segurança e sua capacidade de lidar com os picos de demanda. Mesmo que as negociações de criptografia não sejam submetidas ao mesmo nível de escrutínio que as negociações tradicionais, daqui para frente esse problema de segurança se tornará cada vez mais difícil de manter. Por quê? O cenário da cripto tem histórias tristes o suficiente de hackeamentos com milhões sendo roubados. Nenhuma região do mundo pode apontar o dedo. Isso acontece no Oriente e também acontece no Ocidente, tanto para grandes quanto para pequenas exchanges. Em contraste com os fundos em seu banco local, se sua conta for hackeada em uma exchange, há poucos recursos para recuperar seus fundos e, no momento em que este livro foi escrito, não havia seguro disponível. Todo mundo sabe que os hackers estão em uma caçada dedicada às contas de criptomoeda, portanto, a defesa precisa ser intensificada. As ameaças internas são outro conjunto de dores de cabeça. Elas variam de informações privilegiadas a outras más condutas financeiras de funcionários.

Várias exchanges reguladas e maiores sofreram com a demanda por novas contas durante as recentes explosões do mercado. Elas conseguirão passar desta vez, mas quantas vezes mais o público ou aqueles que estão no poder permanecerão tão indulgentes?

2- O outono de 2017 viu o lançamento do mercado futuro do Bitcoin e será interessante ver como isso se desenrola. O público tem pedido um mercado mais regulamentado, bem, negociar em um mercado de futuro tem tudo a ver com regulamentos. Esta é também a primeira vez que os traders de Bitcoin podem fazer uma cobertura de sua posição em um mercado regulamentado. Eles agora podem tomar o outro lado do mercado, operando a descoberto.

3- Mais moedas que eliminam a necessidade de mineradores. Atualmente, a maior parte da mineração de Bitcoin é feita por um punhado de empresas. Não é uma situação saudável para o mercado, pois eles podem usar essa influência de maneiras indesejáveis.

4- As melhorias na velocidade das transações parecem estar chamando a atenção de muitos influenciadores do setor. Mesmo para os fãs do Bitcoin, o ritmo relativamente lento de uma transação de rotina pode ser um problema. Existem várias criptos que estão enfrentando esses desafios e estou animado para ver como suas histórias se desenvolvem.

O Bitcoin e as criptomoedas percorreram um longo caminho desde os dias em que eram associados principalmente a criminosos. Agora existe uma consciência pública mais ampla e mais positiva. As transações futuras do Bitcoin são até compensadas pelas principais firmas do Wall Street, algo que no passado teria sido motivo de riso. Para que o progresso continue conforme eu defini, é necessário haver menos exagero, regulamentos relevantes e maior segurança e transparência nas exchanges. Acredito que essas sugestões garantirão que as criptomoedas, como uma classe de ativos, ultrapassem a fase de primeiros usuários.

CONCLUSÃO

Obrigado por chegar ao final do *Guia Definitivo Para Dominar o Bitcoins e as Criptomoedas*. Esperamos que ele tenha sido informativo e capaz de fornecer as ferramentas que você precisa para atingir seus objetivos de negociação de criptomoedas e ganhar dinheiro. A próxima etapa é testar suas habilidades de negociação e construir seu capital de risco. Isso lhe dará a motivação de que você precisa para ter sucesso. Tenho vários outros livros sobre diferentes aspectos de negociação e classes de ativos, por favor, confira-os!

PERFIL DO AUTOR

Wayne Walker é o fundador da GCMS, uma empresa líder em educação e consultoria em mercados de capitais (gcmsonline.info). Ele é uma autoridade no comércio e na educação de criptomoedas. Além de lançar o primeiro curso de treinamento em criptomoeda no norte da Europa, ele também é um autor bem instruído e jornalista convidado da Cryptcoin.news, uma das vozes líderes na indústria. Aqueles que realmente querem negociar e investir em criptomoedas são encorajados a entrar em contato com a GCMS.

VOCABULÁRIO ESSENCIAL DO BITCOIN

Blockchain: É um registro **público**/ livro-caixa de transações de Bitcoin em ordem cronológica. O blockchain é compartilhado entre todos os usuários do Bitcoin. Ele é usado para verificar a permanência das transações de Bitcoin e para evitar gastos duplicados.

Bloco: É <u>um registro no blockchain</u> que contém e confirma as transações em espera. Aproximadamente a cada 10 minutos, em média, um novo bloco incluindo transações é criado para o blockchain por meio da mineração.

Bloco Gênesis: Este é o primeiro bloco que foi criado e o início do blockchain.

Taxa de Hash: É a unidade de medida do poder de processamento da rede Bitcoin. A rede Bitcoin deve fazer operações matemáticas intensivas para fins de segurança. Quando a rede atingiu uma taxa de hash de 10 Th/s, isso significava que poderia fazer 10 trilhões de cálculos por segundo.

Mineração: É o processo de fazer com que o hardware do computador faça cálculos matemáticos para a rede Bitcoin a fim de confirmar as transações e aumentar a segurança. Como recompensa por seus serviços, os mineradores de Bitcoin podem coletar taxas de transação pelas transações que eles confirmam, junto com bitcoins recém-criados. A mineração é especializada e competitiva, as recompensas são divididas de acordo com a quantidade de cálculo feita.

Confirmação: A confirmação significa que uma transação foi processada pela rede e é altamente improvável que seja revertida. As transações recebem uma confirmação quando são incluídas em um bloco e para cada bloco subsequente. Mesmo uma única confirmação pode ser considerada segura para transações de baixo valor, embora para valores maiores, como 1.000 US$, faz sentido esperar por várias outras confirmações.

Gasto em Dobro: Se um usuário mal-intencionado tentar gastar seus bitcoins em dois destinatários diferentes ao mesmo tempo, isso representa um gasto em dobro. A mineração de bitcoins e uma cadeia de blocos existem para criar um consenso na rede sobre qual das duas transações será confirmada e considerada válida.

Chave Privada: É um dado secreto que prova o seu direito de gastar bitcoins de uma carteira específica por meio de uma assinatura criptográfica. Sua (s) chave (s) privada (s) são armazenadas em seu computador se você usar uma carteira de software; elas são armazenadas em alguns servidores remotos se você usar uma carteira digital. As chaves privadas nunca devem ser reveladas, pois elas permitem que você gaste bitcoins para suas respectivas carteiras de Bitcoin.

Assinatura: Uma assinatura criptográfica é um mecanismo matemático que permite que alguém prove a titularidade. No caso do Bitcoin, uma carteira de Bitcoin e sua (s) chave (s) privada (s) são conectadas por mágica matemática. Quando o seu software de Bitcoin assina uma transação com a chave privada apropriada, toda a rede pode ver que a assinatura corresponde aos bitcoins gastos. No entanto, não há como o mundo adivinhar sua chave privada para roubar seus bitcoins.

Carteira: Uma carteira de Bitcoin é vagamente o equivalente a uma carteira física na rede Bitcoin. A carteira na verdade contém sua (s) chave (s) privada (s), que permitem que você gaste os bitcoins alocados a ela no blockchain. Cada carteira de Bitcoins pode mostrar o saldo total de todos os bitcoins que controla e permite que você pague uma quantia a uma pessoa específica.

Armazenamento Frio: Este é o processo de mover seus bitcoins para uma carteira offline. A vantagem disso é que ninguém pode invadir seu computador e roubar suas chaves privadas se o computador não estiver conectado a uma rede. Os bitcoins precisarão ser retirados do armazenamento frio para serem gastos ou transferidos novamente.

Endereço: Um endereço Bitcoin é uma série exclusiva de 27 a 34 caracteres alfanuméricos. Um endereço pode ser criado livremente com o uso de uma carteira e sempre começa com 1 ou 3.

Moedas Alternativas: As muitas moedas alternativas diferentes que surgiram com base na ideia e/ou código básico do Bitcoin. Algumas das mais notáveis são Litecoin, IOTA e Ripple.

Fork: Um "fork" é uma mudança no software da moeda digital que cria duas versões separadas do blockchain com um histórico compartilhado. Os forks podem ser temporários ou podem ser uma divisão permanente na rede, criando duas versões separadas do blockchain. Quando isso acontece, duas moedas digitais diferentes também são criadas.

DDOS: Conhecido como 'Negação de Serviço Distribuída'. Um ataque DDoS na hora certa nas exchanges durante movimentos voláteis pode ser devastador, pois os traders não serão capazes de executar qualquer ordem manualmente e ficarão à mercê de suas ordens predefinidas.

* O infográfico do Capítulo 2 foi criado por CB Insights.